LE VÉRITABLE AMOUR

OU

LES NOCES DE VILLAGE,

Comédie Pastorale

En trois actes et en vers libres;

Suivie d'un divertissement composé de chants et de danses;

Par Louis-Maxime AILLAUD père.

Omnia vincit Amor.

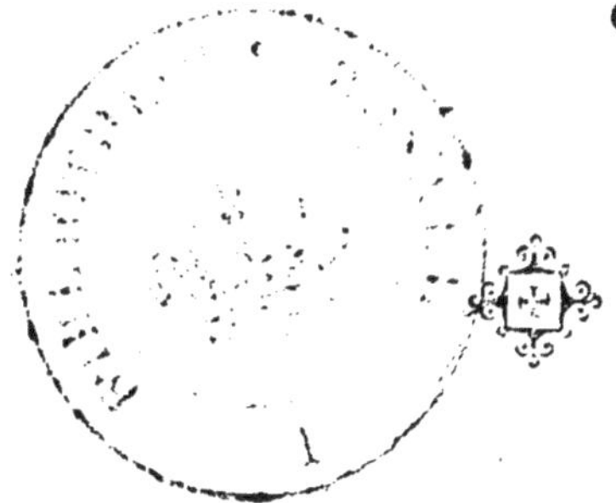

MARSEILLE,

Imprimerie de Réquier, rue Vacon, n° 60.

—

1833.

PERSONNAGES.

LE CHEVALIER DE CLAINVAL, amant de Ninette.
LE MARQUIS DU GANGE, seigneur du village.
MICAS, père de Ninette et de Licidas.
ALCIDOR, père de Lucette.
LICIDAS, époux futur de Lucette.
GERMAIN, valet de Clainval.
NINETTE, fille de Micas.
LUCETTE, fille d'Alcidor.
Troupe de Bergers et Bergères.
Trois Spadassins à la suite du Seigneur.

PRÉFACE.

C'est à l'âge de soixante-dix-huit ans que je me suis occupé de peindre la passion de l'amour; mais je dois dire que c'est à l'âge de vingt-trois ans que je traçai l'esquisse de cette composition.

Mon but avait été de censurer la noblesse, dont les mœurs étaient alors très dissolues, ainsi que l'histoire moderne en fait foi. On sent, dès lors, que, plusieurs années avant la révolution, je n'aurais pu impunément publier un pareil ouvrage, et que je dus ajourner indéfiniment mon projet et me borner au canevas informe qui en présentait l'idée.

Par le genre pastoral qui autorise à raisonner dans le sens mythologique, j'ai voulu donner plus de poétique et d'agrément à la pièce. A cet effet, j'ai cru devoir, à l'imitation des poètes grecs et latins, supposer à mes bergers une instruction différente de celle de nos paysans et de nos pâtres grossiers.

Les pâtres de l'antiquité n'étaient que des esclaves qui ne pouvaient être censés capables d'user de la pureté et de l'élévation du langage; et l'on doit en inférer que les poètes, sous la dénomination de bergers, peignaient les mœurs des maîtres qui vivaient à la campagne.

Chez nous, les pâtres et les paysans sont, en général, des journaliers ou des valets de peine aux ordres des propriétaires. On n'en pourrait faire que des personnages grimaciers. C'est pourquoi, à l'imitation des anciens, j'ai poétiquement transformé en bergers des propriétaires ou bourgeois du second ordre qui, dans nos villages et nos petites villes, s'occupent spécialement de la direction de leurs propriétés et de leurs troupeaux.

On ne peut disconvenir qu'à l'époque à laquelle la pièce se rapporte, l'instruction ne fût très répandue chez cette classe d'habitans.

D'après cette pensée, j'ai pu, sans m'écarter trop de la simplicité qu'exige le genre pastoral, donner à propos au dialogue un peu d'élévation, ainsi que le commandait la violence de la passion contrariée par le préjugé du temps.

LE VÉRITABLE AMOUR

ou

LES NOCES DE VILLAGE.

ACTE PREMIER.

Le théâtre représente des prairies et des vergers, un bois sur l'un des côtés et un lointain borné par des coteaux.

SCENE PREMIÈRE.

CLAINVAL, GERMAIN.

GERMAIN.

Quand on aime la bonne chère,
En quel lieu que l'on soit, on peut se satisfaire.
J'ai su trouver au loin bien des provisions,
De plus un cuisinier suivi de son escorte ;
Ils sont en mouvement, et nous ferons en sorte
Que tout ici réponde à vos intentions.

CLAINVAL.

C'est bien.

GERMAIN.

Nous marions et nous dotons Lucette !
C'est aujourd'hui le jour : mais, après cette fête,
Resterons-nous dans ce hameau,
Où nous faisons hôtel d'une chétive grange ?
A quelques pas d'ici, sur un riant coteau,
L'œil satisfait découvre un bien joli château,
Dont le seigneur, dit-on, est le marquis Du Cange.
C'est un de vos amis, et tout peut s'arranger ;

Qu'il vous soit permis d'y loger.
　　Ah ! que vous gagneriez au change ,
En quittant un manoir d'un aspect roturier !
Un noble logement qui frappe le vulgaire ,
Assure le succès d'un galant chevalier.

CLAINVAL.

Jaseur impertinent !

GERMAIN.

　　　　Que prétendez-vous faire ?
Déja n'êtes-vous point épris d'une bergère ?
Ninette vous inspire un caprice d'amour.
Pour vous enlacer mieux elle fait la sévère ;
　　La complaisance aura son tour.

CLAINVAL.

Tu ne peux retenir ta langue de vipère !...
Sois dans tes jugemens un peu plus circonspect.
Apprends que la vertu commande le respect ,
　　Que je t'ordonne de te taire.
Quand il en sera temps, tu connaîtras , Germain,
Comment tu dois agir et quel est mon dessein.
En attendant , je veux qu'on respecte Ninette.

GERMAIN.

Ah !... peut-être qu'aussi la marierons-nous.

CLAINVAL.

Va-t-en ! J'attends ici Licidas et Lucette ;
　　Amène-moi ces deux époux.

GERMAIN.

Possesseur aujourd'hui d'un héritage immense,
　　Vous pouvez vous permettre tout.

CLAINVAL (*avec impatience*).

Paix !...

GERMAIN (*à part*).

Monsieur de Clainval est bien changé, je pense.

SCÈNE II.

CLAINVAL (*seul*).

Valets intrigans , sotte engeance
Qui veut du mouvement partout !

Ici c'est par la patience
      Que je pourrai venir à bout
De soumettre à l'amour une ame trop rebelle.
Que d'un vieux préjugé l'orgueil soit abattu !
Pour mériter Ninette, il faut, par la vertu,
      Que je me rende digne d'elle ,
Et que le nom d'épouse honore sa beauté.
Si son cœur contre moi toujours inexorable,
S'armait pour un rival de sa sévérité !....
Ah !... J'aperçois Micas, son père respectable.

SCÉNE III.

CLAINVAL , MICAS.

CLAINVAL.

Vous qu'on peut appeler l'oracle de ces lieux,
Ce n'est pas sans raison que chacun vous révère ;
      Vous êtes le conseil des vieux
      Et de la jeunesse le père.
Que ce jour soit fêté par un concours joyeux!
Licidas va s'unir à la tendre Lucette...
Vous me permettrez bien d'assister à la fête
      Et de prendre part à vos jeux.
Que puisse votre fils, par l'hymen qui s'apprête,
Dans un long avenir savourer les douceurs
      Que l'amour prodigue lui-même
Pour des cœurs ingénus dignes de ses faveurs !

MICAS.

L'épouse de mon fils méritera qu'on l'aime.
Les plus douces vertus relèvent ses attraits.
      Il sent, il n'oubliera jamais
      Combien il doit à vos largesses.
Lucette aurait bien pu passer en d'autres bras.
      Trouvant chez moi peu de richesses,
Le père hésitait pour lasser Licidas ;
Mais vos bienfaits, monsieur......

CLAINVAL.

                  Les richesses, Micas,
Sont des biens que le ciel ne donne

Que pour les employer à faire des heureux.
En m'acquittant ici de ce soin généreux,
　　Je n'ai fait que ce qu'il ordonne.
Puissent mes dons servir à vos prospérités !

MICAS.

　　Ce n'est qu'à vos rares bontés
Que je dois le bonheur dont jouit ma famille :
Mais le bonheur jamais n'est parfait, et toujours
Quelque secret chagrin en vient troubler le cours.
Quand mon fils est heureux, j'ai souci pour ma fille.
Ninette a des vertus et n'est pas sans beauté.
C'est par l'instruction que surtout elle brille ;
Mais toujours à l'amour opposant sa fierté,
Par l'orgueil du savoir peut-être trop flatté,
Son cœur de nos bergers a dédaigné l'hommage.
Affaibli par les ans, je sens que leur outrage
Va me faire du sort éprover la rigueur ;
Et je voudrais, avant que de cesser de vivre,
De toute ma famille assurer le bonheur.

CLAINVAL.

Ecartez ces soucis où votre ame se livre.
De vos bergers Ninette a repoussé l'amour !...
Ah ! si jusqu'à présent son cœur est inflexible,
　　Elle peut devenir sensible
Pour de hautes vertus dignes de son retour.

MICAS.

　　Je suis attendri jusqu'aux larmes
Que vous daigniez parler pour calmer nos alarmes,
Vous !... dans un rang si haut....

CLAINVAL.

　　　　　　　　Dont je fais peu de cas.
Les titres fastueux que le pouvoir prodigue
　　N'ont pas pour moi beaucoup d'appas.
Qu'un sot en fasse gloire et que l'orgueil les brigue,
　　Je ne les rechercherai pas.
Un homme en vaut un autre ; et la mère nature,
Dans un séjour champêtre, où notre cœur s'épure,
Où l'amour et l'hymen se trouvent réunis,
Voudrait placer toujours ses heureux favoris.

Si ceux qui font parade à la cour, à la ville,
Dans ces paisibles lieux ne portaient point l'effroi,
Qui ne préférerait un si charmant asile,
Où l'on n'aurait enfin d'autre maître que soi ?

MICAS.

Qu'avec raison je vous admire !
Nous avons vu des grands ; mais, quoi qu'on puisse dire,
Qu'ils étaient différens de vous !
Ils n'auraient pas daigné s'assimiler à nous.
Ils joignaient à l'orgueil une humeur intraitable.
Si, par quelque hasard, leur regard favorable
Venait de notre sort adoucir l'âpreté,
Ils y mettaient tant de fierté
Qu'ils dépréciaient le service.
Quant à vous, dont la main propice
Répand sur nous tant de bienfaits.....

CLAINVAL.

Tout bienfait avec lui porte sa récompense :
Si vous êtes heureux, j'ai rempli mes souhaits.
J'exige, pour reconnaissance,
Qu'on use de mes dons sans m'en parler jamais.
Cependant votre fils tarde bien à paraître.
Le soleil élevé brille sur l'horizon ,
Et bientôt sans rosée on foule le gazon ;
J'aperçois des troupeaux que vos valets font paître.
Il devait près de moi se rendre au point du jour,
Afin de préparer la fête ;
Il s'occupe bien peu du soin de son amour !...
Qui peut le retenir ?

MICAS.

Je ne sais qui l'arrête.
Mais dois-je taire rien de ce qui m'inquiète ?
Le seigneur du village hier au soir est venu.
D'après ce qu'on m'a dit , il est de vous connu.

CLAINVAL.

C'est le marquis Du Gange.

MICAS.

Il en veut à Lucette,

CLAINVAL.

Que craignez-vous de lui?

MICAS.

C'est un homme sans mœurs;
Je connais son orgueil et ses sombres fureurs :
Il viendra de mon fils troubler le mariage.

CLAINVAL.

Nous trouverons moyen de le rendre plus sage
Et de modérer ses transports.

SCENE IV.

CLAINVAL, MICAS, GERMAIN.

GERMAIN.

Au secours! au secours! Monsieur, nous sommes morts.
Quatre coupe-jarrets.... Oh! quel accès de rage!...

CLAINVAL.

Dis-nous donc ce que c'est, et quel effroi soudain....

GERMAIN.

Croyez bien que, sans mon courage,
C'était fait du pauvre Germain.
On allait m'enfiler; mais j'ai couru si vite....

CLAINVAL.

Que pour la peur t'en voilà quitte.
Esplique-nous donc mieux. .

GERMAIN.

Près du bosquet voisin,
Je conduisais vers vous Licidas et Lucette,
Lorsque ce diable de seigneur,
Arrivé de Paris pour troubler notre fête,
Sort du bois, fer en main, les yeux hors de la tête,
Avec trois longs pendarts dont l'aspect faisait peur.
Il s'est rué sur nous.... Dans sa fureur extrême,
Il a voulu saisir la bergère, lui-même;
Mais Licidas la défend bien,
Et son bâton ferré.....

MICAS.

Juste ciel!

CLAINVAL.

Continue :

Qu'en est-il résulté ?

GERMAIN.

Ma foi, je n'en sais rien.
J'ai vu briller la lame nue,
Et...

MICAS.

Je n'ai plus de fils !...

CLAINVAL.

Ne nous alarmons pas.
Et toi, sans tarder davantage,
Vers le bosquet guide nos pas :
Il faut aller sauver ou venger Licidas.

GERMAIN.

Allons ! je vais faire tapage !
Mon bras porte avec lui l'épouvante et l'effroi :
Comme un César je vais me battre,
Et je pourrai moi seul en faire courir quatre
Après moi.
Que de bruit ! Ce sont eux... les voici tout-à-l'heure.
Où puis-je vite me cacher ?
Laissez-moi fuir...

CLAINVAL.

Non, non, demeure.

SCÈNE V.

LES PRÉCÉDENS, LICIDAS, LUCETTE, DU GANGE
ET SA SUITE.

DU GANGE.

Cet insolent !...
LICIDAS (*armé de son bâton ferré et couvrant Lucette*).
Quelqu'un ose-t-il m'approcher ?
UN DES TROIS SPADASSINS.
Mais voici trop de gens : ce n'est pas notre affaire,
(*Ils s'en vont.*)
DU GANGE (*à Licidas*).
Attends, coquin !...

LUCETTE.

Fuyons...
(*Elle voit Clainval et va vers lui.*)
Ah! monsieur, sauvez-nous;
Ce n'est plus qu'en vous que j'espère.

CLAINVAL.

Ma belle enfant, rassurez-vous.

NICAS (*à Du Gange*).

Monseigneur, si votre colère
En veut à Licidas, ou suspendez vos coups,
Ou bien que votre courroux,
En attaquant le fils, n'épargne point le père.

DU GANGE.

Je lui ferai bien voir....

CLAINVAL.

Arrête, téméraire,
Et baisse, devant moi, ton regard furieux!
Outrager la vertu, toi, seigneur de ces lieux!
Crois-tu donc que ton rang et ta haute naissance
Puissent t'autoriser à des crimes affreux?
Protège bien plutôt le faible et l'innocence;
Mérite le respect par des faits généreux.

DU GANGE.

Je ne puis revenir, ma foi, de ma surprise.
Aurais-je pu penser que Clainval fût ici
Pour censurer mon entreprise?
Es-tu mon rival en ceci?
Ou quelle mouche enfin te pique?...
Ce que j'entends tient du magique.
Non, tu n'es plus Clainval : un démon t'a changé.
Quand, par un doux penchant au plaisir engagé,
Tu t'y livrais avec ivresse,
Aurais-tu, par délicatesse,
Respecté d'innocens appas?
Non : tu suivais en tout mon exemple et mes pas.
Nous étions peu discrets : tu t'en souviens encore...

CLAINVAL.

Pour fuir un homme que j'abhorre,
Honteux de mes égaremens,

J'ai quitté le sentier du vice
Où m'avait entraîné ton funeste artifice.
L'honneur, où je reviens, gît dans les sentimens
De respect pour autrui.

DU GANGE.

Belle et bonne morale !
Te voilà converti !... C'est fort bien ; mais, enfin,
Pourquoi traverser mon dessein,
Et, par une rage infernale,
Vouloir de me mes plaisirs interrompre le cours ?
Dans un sombre désert enterré pour toujours,
Passe ta vie en solitaire,
Fais pénitence, si tu veux ;
Mais, sans contrarier mes vœux,
N'use que contre toi de ta sainte colère.
Crois-tu donc qu'au mépris de toute humanité,
Pour atteindre cette beauté,
J'aurais osé frapper et le fils et le père ?
Cruel ami ! le penses-tu ?
Sans faire trop de cas d'une austère vertu,
Je suis humain par caractère,
Et voici seulement ce que j'entendais faire.
Cette enfant-là m'avait charmé.
Puis-je de ce caprice être par toi blâmé ?
A de moindres appas on peut se laisser prendre.
J'ai tout tenté, tout fait afin d'en être aimé.
Comme à tant de rebuts j'étais loin de m'attendre,
J'ai voulu faire peur, afin de l'enlever.

CLAINVAL.

L'enlever !...

DU GANGE.

Sans dessein : c'eût été pour la rendre.
Voilà de quoi te soulever,
Faire laide grimace et tordre ton visage !...
Quoi ! l'enlever à son amant
Le beau jour de son mariage,
N'était-ce pas un tour, un tour le plus charmant ?
Pour moi, j'en riais par avance.
Tout se serait passé dans l'austère décence.

2

Par un délicat sentiment,
J'aurais tout respecté, j'en jure sur ma vie.
Ce n'était qu'une espiéglerie
Dont Licidas lui-même aurait été content.
Ta fortune, mon cher, eût été bientôt faite.

LICIDAS.

Nous n'en voulons point à ce prix.

DU GANGE.

Quelle simplicité! Chez les grands, à Paris,
On n'aurait pas blâmé ce badinage honnête.

GERMAIN.

L'argent eût arrangé tout ça.

DU GANGE.

Hé bien! ce que je dis n'est-il pas véritable?

LICIDAS.

Monseigneur badinait!... Badinage agréable!
Moi, je n'approuve point ce badinage-là.
Qu'un grand fasse ce qu'il voudra,
Je m'en moque, et je suis la mode du village,
Où, quand on se met en ménage,
On ne prend femme que pour soi.

LUCETTE.

Mon ami! c'est là tout. Viens; malgré sa richesse
Tu peux bien compter sur ma foi.
J'aimerais mieux mourir que trahir ta tendresse,
Je ne veux vivre que pour toi.

SCÈNE VI.

CLAINVAL, DU GANGE, MICAS, GERMAIN.

CLAINVAL.

Ecoute bien, marquis, ce que j'ose te dire :
Ces deux amans vont être époux.
Prends garde que, suivant la fureur qui t'inspire,
Tu ne viennes encor troubler des nœuds si doux.
Si tu pouvais porter jusque là ton audace,
Tu m'entends bien.... Adieu !

DU GANGE (*à part et après le départ de Clainval*).

Je crains peu sa menace :

Son chevaleresque courroux
Ne m'engagerait point à lui céder la place.

SCÈNE VII.

GERMAIN (*seul*).

Monsieur Du Gange est fou de tracasser ses gens,
Et notre maître n'est pas sage
De lui dicter la loi dans son propre village.
Raisonnons-les tous deux et parlons-leur bon sens.
D'abord au marquis je vais dire
Que mon maître est un fou dont il ne faut que rire;
Qu'il le laisse à son gré choyer les paysans
Et cajoler une bergère;
Que c'est une tête légère
Qui pense je ne sais comment;
Que c'est une folie en un mot comme en cent.
Quand on peut aller, à sa guise,
Faire sa cour à la marquise,
A telle dont le nom sonnerait bien plus haut,
Abandonner cela, ma foi, c'est être un sot.
Puis monsieur de Clainval pourra bien reconnaître
Que le seigneur, chez lui, doit être un peu le maître;
Mais qu'un grain de folie ayant pu l'entraîner
A faire un badinage aussi sot qu'il peut l'être,
Il faut, par la douceur, au bien le ramener.
Cela bâclé, voici ce qui me reste à faire,
Et ce n'est pas mince travail:
Voir tout, disposer tout, régler tout le détail
Pour les nôces de la bergère;
C'est mon maître qui paie, et c'est ici le cas,
Avant de songer à la danse,
De me dédommager de six mois d'abstinence
Par le fumet d'un bon repas.

ACTE DEUXIÈME.

Le théâtre représente le fond d'un bois.

SCENE PREMIÈRE.

NINETTE, LUCETTE.

NINETTE (*à part*).

Que ne puis-je éviter l'entretien de Lucette!...

LUCETTE.

Surprendrai-je toujours tes yeux baignés de pleurs,
Ma sœur? Depuis six mois, en proie à tes douleurs,
Tu traînes tristement une vie inquiète.
　　　Chaque jour te voit dépérir.
　　Nos jeux n'ont plus pour toi de charmes.
Tu t'éloignes de nous : mais parmi tant d'alarmes,
Crois-tu cacher long-temps ce qui te fait souffrir?
Plus que les autres jours, inquiète, troublée,
Tu parais aujourd'hui même plus accablée.
On dirait que l'hymen qui va nous faire sœurs
　　　Ne fait qu'ajouter à ta peine.
　　　Serait-ce là ce qui te gêne
　　Et qui te fait verser des pleurs?

NINETTE.

Non : ta tendre amitié pour la triste Ninette
　　Aura toujours mille douceurs.
Je vois avec plaisir ton hymen qui s'apprête,
　　Puisqu'il va rapprocher nos cœurs.

LUCETTE.

Ma sœur, hé bien! au nom de cette amitié tendre,
Daigne de ton malaise expliquer le sujet.

NINETTE.

C'est un je ne sais quoi que je ne puis comprendre.

LUCETTE.

Quand quelqu'un souffre ainsi sans savoir ce que c'est,
On dit qu'à la folie un tel état ressemble.

NINETTE.

Tu l'expliques comme il te plaît.

LUCETTE.

La Folie et l'Amour marchent souvent ensemble.
Tu te caches de moi ; mais je lis dans ton cœur :
C'est l'amour, oui, l'amour qui cause ce ravage;
    Tous tes ennuis sont son ouvrage.
Tu l'as bravé long-temps ; mais malgré ta rigueur,
As-tu pu résister à son attrait vainqueur ?
Songe que, pour punir une beauté rebelle,
    Ce Dieu malin vient l'enflammer.
Quand elle force trop le rôle de cruelle,
L'amour fâché s'envole : il n'est plus temps d'aimer.

NINETTE.

Je n'entends pas, ma sœur, ce que tu veux me dire,
    Et je pense que c'est pour rire.

LUCETTE.

Tu veux paraître calme, et ton cœur agité
Décèle dans ton ame un mouvement étrange
Qui fait que tu ne peux faire prendre le change :
    Qu'as-tu donc fait de ta gaité?
    Tant d'autres fois, dans les campagnes,
    On n'entendait chanter que toi.
    La première, entre nos compagnes,
    Dans nos jeux tu fesais la loi.
Tu riais, tu dansais, tu folâtrais sans cesse ;
Et maintenant tes yeux, lassés par la tristesse,
    Ont peine à soutenir le jour.
Ce chagrin concentré qui t'agite et te presse,
Vient de tes vains efforts à repousser l'amour.
Cède; ouvre-moi ton cœur, et que cette journée
Termine tes chagrins avec mon hyménée.

NINETTE.

Hé bien ! je te dirai ce qui ne fut jamais.
    Tu me trouveras complaisante :
    Je t'inventerai des secrets ;
    Il est vrai, j'aime. Es-tu contente ?
Lequel m'as-tu choisi?

LUCETTE.

    C'est mal ce que tu fais,
    De déguiser ainsi ta flamme.

Ne te figure point que l'état de ton ame
    Soit difficile à deviner.
Mais à te taire en vain tu voudrais t'obstiner ;
Tu le verras bientôt, mon amitié m'inspire
Le moyen qui pourra te forcer à tout dire.

SCÈNE II.

NINETTE (*seule*).

    Ah ! non , je ne le dirai pas .
    Quoique l'amour qui me déchire ,
    Me mette aux portes du trépas :
Puis-je faire l'aveu qu'une flamme amoureuse
Me tourmente en faveur de Monsieur de Clainval ?
Je serais méprisable et bien plus malheureuse.
Ah ! si Clainval n'était qu'un berger, mon égal ,
Qu'il serait à bon droit l'objet de ma tendresse !
    En rougissant de la faiblesse
    D'un cœur trop prompt à s'engager,
Je pourrais faire au moins cet aveu sans danger.

SCÈNE III.

NINETTE , GERMAIN.

GERMAIN.
    Vous voici, charmante Ninette. !
Lorsque pompeusement on prépare la fête,
Et qu'on dispose tout pour un brillant repas,
Chacun est étonné que vous n'y soyez pas.
    Pourquoi rester ici seulette ?
    Quand vous verrez tous ces apprêts
Vous chasserez au loin votre humeur inquiète,
Et ne songerez plus à fuir dans les forêts.
Eclaircissez ce front où se peint la tristesse ;
Partagez avec nous la publique allégresse.
NINETTE.
    Mais dites-moi, monsieur Germain,
En quoi croyez-vous voir que j'ai quelque chagrin ?
En ai-je bien sujet, tandis que votre maître
    De ces lieux le fait disparaître ?

C'est lui qui, de ses dons, a voulu nous combler.
    C'est par lui qu'ici tout prospère :
Bien plus, il a montré tout ce qu'il pourrait faire
Contre un seigneur brutal prêt à nous accabler.
Ah ! vous n'en doutez point, mon ame satisfaite
Applaudit avec joie à cette auguste fête
    Qui nous retrace ses bienfaits.
    D'admiration enivrée,
    Puis-je les oublier jamais?
    (à part) Je n'en suis que trop pénétrée !

GERMAIN.

En lui vous trouverez un ardent protecteur
    Que vous pourriez bien mieux connaître ,
    Lorsque vous l'aurez pour seigneur.

NINETTE.

Pour seigneur nous l'aurions !

GERMAIN.

    Dès aujourd'hui , peut-être.

NINETTE.

Lui , monsieur de Clainval !

GERMAIN.

    Oui , lui-même , mon maître.
Je dois vous expliquer ceci :
    Après la scène un peu tragique
    Qui tantôt s'est passée ici,
Votre marquis, sujet à la terreur panique ,
Auprès de notre maître a , ma foi, filé doux.
Soit qu'il craignît qu'en cour on ne fit quelque plainte
    Contre cette dure contrainte
    Dans laquelle il vous retient tous ;
    Soit qu'à cause de cet outrage,
    Mon maître, irrité justement,
    Ne voulût là, tout doucement,
    Mettre à l'épreuve son courage ;
    Il est venu fort poliment
    Chercher à calmer cet orage,
    Protestant qu'il ne croyait pas
    Trouver mon maître en ce village;
    Qu'il ignorait que Licidas ,

En contractant ce mariage,
Le dût à ses bienfaits et qu'il eût son suffrage.
Après avoir parlé long-temps,
Après réplique sur réplique,
Après tous ces beaux complimens,
Comme entre grands il se pratique,
Ils sont enfin tombés d'accord
Qu'à monsieur de Clainval il vendrait cette terre.
Je m'en vais au château, d'abord,
Du même pas chez le notaire,
Afin de terminer l'affaire,
Car nous ne voulons pas qu'elle traîne en longueur.
Je porte à cet effet deux lettres à remettre :
Là c'est pour le notaire, ici pour le seigneur.
Remarquez donc bien que mon maître,
Pour vous tranquiliser ne négligera rien ;
J'ai lieu de croire que peut-être
Il vous en veut à vous ; et si je le vois bien,
Je crois que quelque chose en lui vous intéresse....
Mais je prends trop de temps à vous entretenir,
Je suis encore à jeun. L'heure fuit, le temps presse,
Il faut aller bien vîte, et vîte revenir.

SCENE IV.

NINETTE (seule).

Bonheur pour le village, et malheur pour moi même:
Germain m'en a dit trop; le trouble est dans mon sein
Où se sont réunis la joie et le chagrin.
Si Monsieur de Clainval, présumant que je l'aime,
Fondait sur cet espoir quelque honteux dessein !...
Dans le mépris l'honneur trouverait sa défense....
Mais n'importe. Employons la froide indifférence,
Pour comprimer en lui la fougue du désir ;
Et le laisser sans espérance.
Je combats, et je souffre !.. Endurons la souffrance,
Les tourmens de l'amour ne sont pas sans plaisirs.
Dieux ! c'est Clainval qui vient !..

SCÈNE V.
CLAINVAL, NINETTE.

CLAINVAL.

Ninette votre amie
Viens de nous dire, toute en pleurs,
Qu'un chagrin, qu'un secret que taisent vos douleurs
Faisait craindre pour votre vie,
Que vous mouriez d'un mal que vous voulez céler.
L'amour, dit-elle, a part à son désordre extrême,
Et, malgré ses efforts à le dissimuler,
Son trouble et ses chagrins, tout annonce qu'elle aime.

NINETTE.

Je suis trop agitée...

CLAINVAL.

Elle refuse même
D'achever un hymen qui ferait son bonheur,
Avant de tout savoir...

NINETTE.

Vous dites que Lucette...
(*à part.*) Je ne puis lui répondre.

CLAINVAL.

Adorable Ninette!
Je ne le vois que trop, vous avez un vainqueur!
Quel est donc ce berger? par qu'elle heureuse adresse
A-t-il fléchi votre rigueur?
Et moi, lorsqu'à vos pieds, expirant de tendresse,
Je vous ai tant de fois parlé de mon amour,
J'étais loin de penser (confiance frivole!)
Qu'un autre, en vous aimant, fût payé de retour.
Ce cœur, ce triste cœur, dont vous êtes l'idole,
S'était toujours flatté que l'amour, que le temps
Pourraient enfin fléchir votre ame trop sévère,
Et cette idée au moins consolait ma misère:
Mais je n'ai plus d'espoir, ô souffrance! ô tourmens!
Un autre a votre cœur.. Vous vous troublez, Ninette!

NINETTE.

Si je me trouble!.. ô ciel! que l'amour fait souffrir!
Vous me faites trembler! Dans l'état où vous êtes,

Combien je crains de vous aigrir ,
Si je dis d'où provient le trouble qui m'agite !
De tels transports, qu'en vous la jalousie excite ,
Surgissent opposés aux nobles sentimens
Que la vertu nourrit dans le cœur des amans.

CLAINVAL.

Pardonnez aux transports dont je ne suis pas maître ;
Pardonnez à l'amour que vos yeux ont fait naître.
Cet amour, malheureux et que vous dédaignez ,
Aurait bien mérité peut-être
Le retour que vous témoignez
A cet heureux berger qui règne sur votre ame.

NINETTE.

Mais Monsieur, de quel droit voulez vous que mon cœur,
Brûlant ici pour vous d'une imprudente flamme,
Réponde à votre amour aux dépens de l'honneur ?
Je ne suis que bergère, et vous êtes seigneur !
A ce rang relevé je ne puis pas prétendre ;
Et vous, sans vous déshonorer,
A mon état obscur, vous ne pouvez descendre.
Laissez moi donc : fuyez sans vouloir pénétrer,
Sans expliquer l'ennui dont je suis dévorée :
Respectez les chagrins où mon ame est livrée.
Puis-je, sans flétrir mon honneur,
Vous dévoiler à vous le secret de mon cœur ?
J'ose vous faire ici cette unique prière :
Ne m'interrogez plus , et, si je vous suis chère ,
Persuadez Lucette, achevez son bonheur :
Qu'elle soit aujourd'hui l'epouse de mon frère ;
Qu'elle ne m'ôte pas, par ce retardement
Un plaisir qui peut seul adoucir mon tourment.
Je l'espère de vous.

CLAINVAL.

Je lis votre pensée.
Vous croyez que mon ame, indignement blessée,
Cherche à vous inspirer un honteux sentiment !
Ne me faites pas cette injure.
Jamais on n'aimera le vice en vous aimant.
Oui : je ressens pour vous une tendresse pure.

Vos charmes l'ont fait naître, et la vertu l'épure.
Ne craignez donc plus rien, nommez-moi votre amant.
C'est la seule vertu qui maintenant m'anime,
Pour vous unir à lui dans cet heureux séjour.
Si je n'ai pu, pour moi, vous donner de l'amour,
Que je sache du moins mériter votre estime,
Et que je sois ici le seul infortuné !
Daignez-vous rompre enfin ce silence obstiné ?
Ninette ! hé bien !..

NINETTE.

(*à part.*)   Est-il possible?
Ciel ! à tant de vertu je ne puis résister.
(*à Clainval.*)
A ces hauts sentimens, Monsieur, je suis sensible.
Dans tous les cas, puis-je compter
Sur un cœur loyal et sincère,
Et sur cette vertu?

CLAINVAL.

Cette vertu m'est chère :
Elle me vient de vous. Si je suis vertueux,
C'est l'Amour qui m'apprend à l'être.
C'est l'Amour qui depuis que j'ai pu vous connaître,
A versé dans mon sein le germe fructueux
De la douce vertu que vous suivez vous-même :
Et comme, en vous aimant, c'est la vertu que j'aime,
Je renonce à jamais aux coupables plaisirs
Dont les grands d'aujourd'hui occupent leurs loisirs.
Confiez-vous à moi : je tiendrai ma promesse.

NINETTE.

Hé bien ! apprenez donc ce qui fait ma tristesse...
Excusez de mon cœur l'état désordonné.
Ce cœur au trouble abandonné,
C'est à l'Amour qu'il doit le chagrin qui le presse ;
Ainsi que vous, ce Dieu l'a percé de ses coups.

CLAINVAL.

Quel est l'heureux objet de cette ardeur?

NINETTE.

C'est vous.

CLAINVAL.

Moi.....

NINETTE.
Que viens-je de dire?
CLAINVAL.

O moment plein de charmes !
Est-ce vrai ?.. Vous m'aimez !.. ô jour délicieux :
Mais vous paraissez craindre; ah! pourquoi vos beaux yeux
Évitent-ils les miens en se couvrant de larmes?
Regardez votre amant qui meurt à vos genoux.
Vous m'aimez !.. mon ame ravie
Ne peut plus résister à des transports si doux,
Et ce jour est pour moi le plus beau de ma vie.

NINETTE.
Il n'est que trop vrai que mon cœur
De cet ardent amour n'a pas su se défendre.
Je vous l'avoue ici : mais vous devez comprendre
Qu'il ne peut être à vous; votre rang, mon honneur,
Condamnent cet amour si tendre.
Ainsi n'espérez rien , oubliez-moi plutôt.
Je vous aime, Clainval! Dans ma faiblesse extrê
Je n'ai pu m'empêcher de le dire à vou , même,
Si vous tentiez jamais d'abuser de ce mot,
Je saurais vous haïr autant que je vous aime.

SCÈNE VI.
CLAINVAL (*seul*).
L'Amour aurait parlé pour moi,
Et son ame à mes yeux serait toujours rebelle !
Il faudrait étouffer une flamme si le le !
Il faudrait vivre loin de toi,
Ninette !.. Un préjugé bizarre,
Quand l'Amour nous unit, faut-il qu'il nous sépare ?

SCÈNE VII.
CLAINVAL , GERMAIN.
CLAINVAL.

Te voici de retour, Germain !
Dis-moi ce qu'a produit ton zèle.

GERMAIN.

Notre affaire est dans un bon train.
J'apporte une bonne nouvelle ,
Selon votre désir tout sera terminé ;
Du marquis voici la réponse:
(*Il ouvre la lettre.*)
Vous la lirez après diné.

CLAINVAL.

C'en est fait : à Paris pour toujours je renonce.
Je me fixe dans ce séjour
Où désormais , mon cœur tranquille ,
Pourra se reposer dans le sein de l'amour.
Germain ! tu regrettes la ville ,
Mais tu connaîtras à ton tour ,
Qu'elle n'a rien de désirable.

GERMAIN.

Je pense aujourd'hui comme vous ,
Ce n'est qu'un séjour détestable ,
Que je vais oublier en me mettant à table.

CLAINVAL.

Non , je n'espérais pas que mon sort fût si doux.
(*Il lit la lettre qu'il avait ouverte*).
« C'est fini , cher Clainval , je te vends cette terre.
« Je vais t'en envoyer l'acte par le notaire:
« Mets-y ta signature , et je pars pour Paris.
« Réduis, si tu le peux, tes bergères rebelles;
« J'aime mieux m'amuser à cajoler nos belles ,
« A la barbe de leurs maris. »
Voilà donc à quel point le vice nous égare!

GERMAIN.

Mais de grâce , Monsieur , songeons donc au dîner ;
A le manger sans nous peut-être on se prépare.

CLAINVAL.

Tu ne saurais t'imaginer ,
Mon cher Germain , combien je l'aime !

GERMAIN.

Comme j'ai tant couru , vous pouvez bien songer ,
Que j'ai grand appétit et besoin de manger.

CLAINVAL.

Qui l'aurait cru, Germain, je suis aimé de même :
Mais malgré, sa tendresse extrême,
Ninette ne croit pas qu'elle puisse être à moi :
Cherchons donc un moyen...

GERMAIN.

C'en est trop, par ma foi !
Vous exercez ma patience.
Vous voulez m'honorer de votre confidence,
Quand je ne vous écoute pas !
Après dîné, Monsieur.

CLAINVAL.

Allons !

GERMAIN.

Mais Licidas,
Vient-il pas retarder encore !

SCÈNE VIII.

CLAINVAL, GERMAIN, LICIDAS.

LICIDAS.

Monsieur, c'est désormais vos bontés que j'implore,
Venez voir Lucette et ma sœur
Pleurant sur le sein de mon père.
Nous ne connaissons pas ce sujet de douleur ;
Ma sœur s'obstine à nous le taire.

CLAINVAL.

Je suis au fait de ce mystère ;
Elle m'a dévoilé le secret de son cœur.
Par l'amour son ame est charmée,
Votre sœur aime : elle est aimée !
Je vous réponds de son bonheur.

LICIDAS.

Vous rendez quelque espoir à mon ame allarmée :
Puissions-nous adoucir la tristesse qu'elle a !

CLAINVAL.

Allons songer aux nôces.

GERMAIN.

Ah ! !

ACTE TROISIÈME.

*Le théâtre représente des prairies et des vergers,
comme au 1er Acte.*

SCÈNE PREMIÈRE.

GERMAIN *(seul.)*
(Entre en chantant le couplet qui suit.)

Ce séjour commence à me plaire,
Puisqu'on y trouve de bon vin.
Je sens qu'auprès d'une bergère,
J'y pourrai braver le chagrin,
Surtout avec de bon vin.

Un seul mot fait un mariage,
Chaque amour a bien du pour, on
Pourrait [illegible]
Je me dirais [illegible] qu'au [illegible]
Si je n'y trouve point les plaisirs de l'amour.
Quand je m'amuserais à boire tout le jour,
Je m'occuperais là d'un triste badinage.
Ne pouvant vivre sans aimer,
Il faut que je m'attache à déranger la tête
De quelque douce bergerette;
Ma figure, après tout est faite pour charmer.

SCENE II.
CLAINVAL, GERMAIN.

CLAINVAL.
Tandis qu'après diné tout le monde repose,
Je veux seul en ce lieu te parler un moment.

GERMAIN.
Vous pouvez bien au long discourir maintenant,
A vous servir en tout mon zèle se dispose;

Après un tel diner, certes je suis content.
Bien plus, j'en fais l'aveu, toutes ces bergerettes
Ont, pendant le repas, si bien gagné mon cœur,
Que je me sens lié par des chaînes secrettes,
        Par quelque charme séducteur,
Qui fixe ma pensée au bien que je désire
Et qui fait que...

CLAINVAL.

Dis donc.

GERMAIN.

                    Je ne sais pas le dire.
    Voici, pour ne vous cacher rien,
Que je suis résolu de vivre en ce village,
Tant que vous y serez ; si vous le voulez bien.

CLAINVAL.

Tu sens donc à présent, Germain, tout l'avantage
De vivre séparé d'un monde corrupteur,
De voir le ciel serein, après un long orage !
Tu sens que la sagesse est mère du bonheur.

GERMAIN.

C'est cela : car je veux désormais vivre en sage.
    Ainsi que vous j'ouvre les yeux
    Sur le point de faire naufrage,
    Et je me sauve, dans ces lieux,
    Des flots orageux de la ville.
    C'est ici, dans ce doux asile,
Près d'un gentil minois qui réponde à mes vœux,
Que, quittant pour toujours Paris et les soubrettes,
Je vais mettre ma barque à l'abri des tempêtes.

CLAINVAL.

Puisqu'il en est ainsi, tu pourras vivre heureux ;
Et pour cela, mon cher, tu n'as qu'à vouloir l'être.
Mais, cherchant le bonheur, apprends à le connaître
Il ne consiste pas dans ces plaisirs honteux
D'où naissent les dégoûts et que suit l'amertume,
Dans des feux criminels que le seul vice allume,
    Et dont les grands font vanité.

Cela n'est point l'amour : c'est la brutalité !
Mais l'Amour véritable est fondé sur l'estime,
Il n'admet rien de faux, ni rien d'illégitime.
Il élève notre ame à de hauts sentimens
     L'honneur, qui le conduit l'anime
     Pour rectifier nos penchans :
Si mon cœur de l'Amour, n'avait senti l'atteinte,
     Errant de désirs en désirs ,
     J'aurais osé livrer, sans crainte,
Ce cœur au tourbillon que l'on nomme plaisirs.
     Dans le mouvement de l'intrigue,
J'eusse atteint chaque jour quelqu'objet vicieux ,
     Dont la jouissance fatigue.
Mais Ninette, qui m'aime, et qui m'inspire mieux,
Me montre mon devoir écrit dans ses beaux yeux.

GERMAIN.

Peste ! que c'est bien dit ! vous parlez comme un livre;
Quand je ne voudrais pas , rien qu'en vous entendant,
Je m'abandonnerais au désir de bien vivre.
On pourrait à cela, répondre cependant
Quelque chose. Aimez-vous, là, tout de bon, Ninette?

CLAINVAL.

C'est l'Amour le plus vif qui brûle dans mon sein.

GERMAIN.

     Vous avez donc quelque dessein.
Vous voulez.. (la demande est peut-être indiscrette)
Mais enfin vous l'aimez : nous comprenons pourquoi.

CLAINVAL.

     Je te permets : explique-toi.

GERMAIN.

     Vous aimez bien la bergerette,
Et certes vous voulez contenter votre ardeur.

CLAINVAL.

Jouir du seul objet pour qui mon cœur soupire,
Ce serait là, Germain , le comble du bonheur.

GERMAIN.

Chacun le pense ainsi : vous ne sauriez mieux dire.
Mais vous renoncez donc à ce haut sentiment
D'une vertu sublime, à votre cœur si chère,
    Que vous vantez à tout moment:
    Ici, je vois assez comment,
Par le perfide emploi d'un langage sévère,
Votre fausse vertu séduit une bergère.
Oh! cela n'est pas bien.

CLAINVAL.

        J'aurais sans doute tort,
Si, comme tu le dis, je pouvais me conduire.
Je ne serais qu'un fourbe, et j'en tombe d'accord:
    Mais épouser n'est pas séduire.

GERMAIN.

Jen conviens : mais vraiment voulez-vous l'épouser ?

CLAINVAL.

Ne l'as-tu pas compris ?

GERMAIN.

        Je n'ai pu le penser,
Et, s'il faut sur le point parler avec franchise,
Je dis que vous feriez...

CLAINVAL.

    Achève

GERMAIN.

        Une sottise.

CLAINVAL.

En l'épousant!...

GERMAIN.

Monsieur, l'amour, en vérité
Vous a troublé l'esprit, à ce que je puis croire;
Car c'est négliger trop le soin de votre gloire:
C'est donner une entorse à votre qualité.
Ah! comme on jasera, quand on saura l'histoire!

Vous allez, contre vous, soulever les esprits,
Et vous serez bientôt la fable de Paris.
Les gloseurs vous diraient qu'une haute alliance
Pourrait seule excuser une épouse sans dot :
Mais, qu'aller là choisir dans la basse naissance,
C'est mettre sciemment la noblesse en défaut.
Quant à moi, sans craindre le blâme,
Dans le rang le plus bas je puis choisir ma femme ;
    Je ne saurais me dégrader :
Mais vous! pouvez-vous bien, au gré de votre flamme,
Vous marier ainsi, sans beaucoup hazarder.

CLAINVAL.

Il s'agit d'être heureux : que m'importe le reste ?
    Bravons le monde et ses discours.
Si mon amour, dirai-je, à Ninette funeste,
Eût fait, en l'abusant, la honte de ses jours,
    (Du siècle aveuglement extrême !)
J'aurais pu l'avilir, sans m'avilir moi-même !.
    Et lorsque épris de sa beauté,
Je rends à sa vertu le tribut mérité,
Quand je veux, en un mot, honorer ce que j'aime,
Ne le pourrais-je point sans me déshonorer ?
Mettons donc à l'écart un préjugé barbare,
Je n'ai suivi que trop un monde qui s'égare..
L'amour, sur mes devoirs, est venu m'éclairer.
Ninette est toute belle, et vertueuse et sage :
L'instruction la rend digne de mon hommage,
    Dois-je rougir de l'adorer ?
    Non, non, quoiqu'on puisse prétendre,
Je l'élève à mon rang, sans moi-même en descendre.
Tout semble s'arranger au gré de mes souhaits.
Je me vois aujourd'hui seigneur de ce village,
Et cela peut encore aider à mes projets.
Tantôt tu sauras tout : ici sous cet ombrage,
    Les bergers vont bientôt venir.
Ils viennent, par leurs jeux terminer cette fête,
    Et pour complimenter Lucette,
Ils m'attendent : de tout j'ai su les prévenir..

Micas et tous les siens doivent d'abord s'y rendre,
Sans te montrer, ici tu n'as qu'à les attendre,
Et venir près de moi dès que tu les verras,
Pour prendre et méditer l'ordre que tu suivras.

SCÈNE III.

GERMAIN (*seul*).

Ce que mon maître a dit fait naître la pensée
Que la raison peut bien se trouver offensée,
Quand on croit que les grands, de leurs titres jaloux,
Sont nobles par nature et valent mieux que nous.
Qu'on doive, à ces messieurs, prêter obéissance,
Il n'en est pas moins vrai qu'un valet vertueux,
En dépit de l'orgueil, serait plus noble qu'eux.
Un grand poëte a dit: « Ce n'est pas la naissance,
» C'est la seule vertu qui fait la différence. »
Lorsque des bonnes mœurs nous fairons plus de cas,
Nous mettrons la noblesse et ses titres à bas.
Mais nous distinguerons les uns d'avec les autres,
Et Monsieur de Clainval sera toujours des nôtres.
Vite! allons avertir; je vois venir Micas.

SCENE IV.

MICAS, NINETTE, LUCETTE.

NINETTE.

Que me demandez-vous? vous redoublez ma peine.
Je n'en ai que trop dit, et ma honte est certaine.
Rien ne pourra jamais adoucir mes douleurs.

MICAS.

Va, ma fille! il est temps que tu sèches tes pleurs,
Ne crains point de me voir armé d'un front sévère;
C'est pour te consoler que parlera ton père,
Pour rendre l'énergie à ton cœur abattu.
Je sais que, de tout temps, contre l'amour armée,
    Tu fis consister la vertu
A mépriser ses lois, et ton ame allarmée,
De se voir aujourd'hui de ses feux enflammée

Ne peut, sans amertume, en goûter la douceur,
Et, livrée au chagrin qui dévore ton cœur,
Tu ne peux pas sentir le bonheur d'être aimée.
          Reviens enfin de ton erreur.
          Que peux-tu craindre de te rendre,
Quand tu chéris l'amant qui t'adresse ses vœux ?
Voici ce que je tiens du seigneur généreux,
          Dont les soins ont su nous défendre.
Je ne puis te blâmer de t'être ouverte à lui.
» Ninette, m'a-t-il dit, m'a confié sa peine.
     « L'amour seul cause son ennui.
» Qu'elle ne craigne rien du penchant qui l'entraîne.
» L'amant est digne d'elle : il chérira sa chaîne,
» Et je veux, de ma main, vous l'offrir aujourd'hui.

NINETTE.

Je dois me méfier d'un cœur faux et perfide,
Mon père, croyez-vous que la vertu le guide,
          Lui, dont l'artifice trompeur,
D'une vertu sublime empruntant l'apparence,
M'a fait lui découvrir la honte de mon cœur,
Et vient, si lâchement trahir ma confiance ?

LUCETTE.

Est-ce donc la trahir que chercher ton bonheur ?
Par une fausse honte, obstinée au silence,
Tu prétends nous cacher l'objet de ton amour.
Pourquoi le blâmes-tu de ce que dans ce jour,
Il cherche d'adoucir l'ennui qui te dévore,
En présentant lui-même un amant qui t'adore ?
          Ma sœur au lieu de t'affliger,
          Suis les conseils de ton amie.
Puisque ton cœur a pu, malgré toi s'engager,
C'est fait : ne cause point le malheur de ta vie,
Et ne refuse pas la main de ton berger.

NINETTE.

A quel comble de maux suis-je donc parvenue ?
Malheur ! de quelqu'endroit que je perte la vue,
De honte et de douleur mes esprits affligés.

Ne reconnaissent pas d'issue,
Pous sortir de l'abîme où mes pas sont plongés,
Qu'est devenu ce temps où mon ame paisible,
Se livrant toute entière à d'innocens plaisirs,
Aux charmes de l'amour se montrait insensible,
Et défiait ce Dieu de troubler ses loisirs?
        Dieu crüel, je sens ta vengeance!
Ta haine s'est complue à déchirer mon cœur,
Et c'est en l'embrasant d'une funeste ardeur
        Que tu signales ta puissance.
        Mais tu n'est pas encor vainqueur.
Viens épuiser sur moi les traits que ta main lance.
La mort m'endormira dans le sein de l'honneur.

MICAS.

Pour quelque temps au moins renferme ta douleur.
        Je vois Germain qui s'avance,
Et son maître sans doute arrive sur ses pas.

LUCETTE.

Je ne puis concevoir le motif qui le presse
A venir devant tous découvrir ma faiblesse,
Soyez-en convaincu, je n'y survivrai pas.

SCÈNE V.

MICAS, NINETTE, LUCETTE, GERMAIN.

MICAS.

Germain! qu'avez-vous donc? vous me semblez en peine.

GERMAIN.

Quand vous serez instruits du sujet qui m'amène,
        Vous serez tous dans le chagrin.
Mon maître... Quel malheur!

NINETTE.

(à part).   Dieux quel trouble soudain!
        (*à Germain.*)
Veuillez vous expliquer, de grâce.

MICAS.

Ah ! dites-nous ce qui se passe.

GERMAIN.

Je vais développer la chose entièrement.
J'étais à l'ombre assis dans un vallon charmant,
    Et là, je roulais dans ma tête
    Nombre de projets enchanteurs.
Le ciel, disais-je en moi, me comble de faveurs.
    Dans cette agréable retraite
    Je gouterai mille douceurs !
J'y pourrai rencontrer quelque douce bergère,
Que j'aimerai beaucoup, à qui je saurai plaire.
Nous jouirons ensemble en unissant nos cœurs.
D'un bonheur au dessus de ce que l'on peut dire
J'étais à me bercer dans ce charmant délire,
    Lorsque je m'entends appeler :
Germain ! je me relève et vois bientôt paraître
    Mon maître,
En habit de voyage et prêt à s'en aller.
» Mon ami, me dit-il, il faut nous consoler.
« Je me vois obligé de quitter ce village,
» Ou l'Amour me semblait promettre ses faveurs.
    « Mais ce Dieu malin et volage
    « Ne m'a leurré de ses douceurs
    « Que pour plonger un misérable
    « Dans un abîme de malheurs.
    « Puisse la bergère adorable
    « Qui captive tous mes esprits,
    « Avoir un sort plus favorable.
» Elle sait que l'ardeur dont je me sens épris,
    « Est aussi pure que son ame,
» Et que je n'ai jamais, dans ma brûlante flamme,
» Médité rien qui soit digne de son mépris.
» Ma résolution en est le témoignage
    Qu'elle vive heureuse en ces lieux,
« Quand moi, par le regret de quitter ce village.. »
La voix lui manque alors...

LUCETTE.

Je ne puis me défendre
Des pleurs qui coulent de mes yeux.

MICAS.

Tout ce qu'il dit peut-on l'entendre
Et qu'on ne s'attendrisse pas ?
Tu ne dis rien , ma fille !

NINETTE.

Hélas !

MICAS.

Cependant votre maître avait dit de l'attendre,
Qu'il voulait être spectateur
Du divertissement que les bergers vont prendre ,
Et tous , charmés de cet honneur,
Venaient s'égayer à la fête ,
Et dans leurs chansons pour Lucette,
Célébraient les bontés de leur nouveau seigneur.
Mais quand nous apprenons le chagrin qui le presse ,
Et son départ précipité ,
Une vive douleur succède à l'allégresse ,
Et toute cette joie est changée en tristesse.

GERMAIN.

Je vous dirai qu'en vérité ,
Je n'ai pu prévoir cette scène.
A voir , quand nous dinions , son aimable gaîté,
Dites : eussiez vous cru , que d'Amour entêté ,
Il conçut de partir , cette fureur soudaine?
Il part , et déjà même il est loin de ces lieux.
Au moment du départ, et les larmes aux yeux,
Il m'a dit : « vois pour moi Micas et sa famille,
» Qu'on cherche d'adoucir le chagrin de sa fille,
» A tous va rendre mes adieux.
» Dis leur que, malgré mon absence,
» Ils se ressentiront toujours de mes bienfaits,
» Je veux que mes vassaux jouissent d'une aisance,
« Qui les rende heureux à jamais.

Il me quitte à ces mots : je dois dès ce soir même,
    L'aller joindre à deux lieues d'ici.
Malgré tous mes regrets et ma douleur extrême,
    Il faut que je vous quitte aussi.

MICAS.

    Le cœur serré, l'ame attendrie,
    Puis-je vous expliquer, Germain,
Le trouble où va nous mettre un départ si soudain.

LUCETTE.

    Croyez bien que, toute la vie,
On se ressouviendra...

GERMAIN.

          Mes amis, je vous prie,
    N'attendrissons plus nos adieux,
Je ne puis, sans pleurer, m'éloigner de ces lieux.
(*à part.*) Ils ne soupçonnent pas que ce soit menterie,
Et les voilà, je crois, qui sont trompés au mieux.

SCÈNE VI.

MICAS, NINETTE, LUCETTE, ALCIDOR, LICIDAS

MICAS.

    Mon fils, modérons notre joie.
C'est un sujet de pleurs que le sort nous envoie.
    Alcidor ! malgré le plaisir
Que j'ai de voir mon fils époux de votre fille,
Quand il semble que tout sourit à ma famille,
Un chagrin bien cuisant, est venu nous saisir.

ALCIDOR.

    Expliquez-nous en quoi consiste
L'évènement fâcheux dont votre cœur s'attriste.

MICAS.

Notre nouveau seigneur abandonne ces lieux :
Il nous quitte, Germain nous a fait ses adieux.
Il a dit que son maître, épris d'une bergère,
    Brûlant d'un amour sans espoir,
A cherché dans la fuite un secours salutaire :
    Mais il nous a fait entrevoir
Qu'on doit tout craindre pour sa vie.

LICIDAS.

Quel est l'étonnement dont mon ame est saisie !

4

Quelle fatalité qu'on ne peut concevoir !
Quelle pensée enfin ce rapport ferait naître.
Ma sœur !.. mais, avant tout il convient de connaître
    S'il part, de nous, peu satisfait.
    Notre peu de reconnaissance,
    En aura fourni le sujet.
    Ses bienfaits, son rang, sa naissance,
    Et pour mieux dire, sa vertu
Méritaient plus d'égards que nous n'en avons eu.
Si vous le trouvez bon, je pars à l'instant même
Pour lui marquer notre regret.

ALCIDOR.

    Fort bien : j'approuve ce projet.
    Allez, et d'une ardeur extrême
    Témoignez-lui notre chagrin
De le voir s'éloigner dans cette circonstance,
    Nous ayant promis ce matin,
D'encourager nos jeux par sa chère présence.
Enfin que votre cœur lui prouve notre amour
    Partez : avec impatience
    Nous attendrons votre retour.

NINETTE.

Non, mon frère, arrêtez. Je vois quoiqu'il m'en coûte,
Que je puis ici seule éclaircir votre doute.
Je frissonnne, et pourtant je dois tout révéler.
Germain vous a dit vrai, sur l'état de son maître.
    L'amour dont il se sent brûler,
(Quelle honte, grands dieux) c'est moi qui l'ai fait naître,
Mais je dois à la fin vous dévoiler mon cœur.
Apprenez ce qui fait et fera mon malheur ;
Je n'ai pu m'en défendre, et, malgré moi, je l'aime.

MICAS.

    Ma fille ! ô ciel ! que m'apprends-tu ?

NINETTE.

Tout ce que je voudrais me cacher à moi-même.
    Quelque fois ma faible vertu
Opposait son effort à ce charme invincible.
    Une puissance irrésistible
    Me ramenait à mon vainqueur.
Peut-être mon orgueil que flattait son hommage,

Par ses illusions augmentait mon erreur :
Je ne sais : car peut-on approfondir sou cœur?
      J'aimais enfin mou esclavage.
Peut-être l'infamie eût été mon partage,
Si l'objet vertueux dont mon cœur fut charmé,
      Brûlant d'une pure tendresse,
      Par sa vertu seule animé,
      N'avait respecté ma faiblesse.
Et voilà ce qui seul décide son départ.
La gloire en est à lui : mais la honte est ma part
Sa vertu sert d'excuse, et me rend malheureuse.
S'il n'avait mis à nud son ame généreuse,
J'étoufferais plutôt un souvenir trop doux.
Tel est le triste état où je me vois réduite,
C'est à vous désormais à régler ma conduite,
Mon père ! voyez-moi tremblante à vos genoux,
Et ne m'accablez pas d'un trop juste courroux.

MICAS.

Tu n'as rien, mon enfant, à craindre de ton père.
Est-ce quand je te dois mon admiration
      Que tu redoutes ma colère?
Est-il quelqu'un au monde exempt de passion ?
      Non, non : chacun a sa faiblesse,
      Qui sert d'épreuve à sa vertu.
Relève de ton cœur le courage abattu.
      Arrache le trait qui le blesse :
C'est au courage seul que le triomphe est dû,
Mais j'entends, des bergers, la troupe qui s'avance.

SCÈNE VII ET DERNIÈRE.

LES PRÉCÉDENS, CLAINVAL (*en habit de berger*).

GERMAIN, TROUPE DE BERGERS ET BERGÈRES.

MICAS, (*s'adressant à Clainval sans le connaître.*)

Bergers ! ce jour n'est pas pour la réjouissance.
C'est bien plutôt un jour de trouble et de douleur.

NINETTE. (*à part à son père.*)

Mon père, c'est Clainval !

MICAS.

      C'est vous, ah ! monseigueur?

CLAINVAL.

Ma conduite sans doute a de quoi vous surprendre ;
Mais ne me blâmez pas, mes amis sans m'entendre.
Et vous, belle Ninette, ah ! ne rougissez plus
Des tendres sentimens que l'amour nous inspire.
J'ai dit à ces bergers tout ce qu'il fallait dire.
Pour le respect qu'on doit à vos nobles vertus,
Germain venu tantôt a dit vrai, je l'atteste.
Le seigneur est parti ; c'est le berger qui reste.
Ne voyez plus en moi que votre humble berger
Qui vient mettre à vos pieds ses vœux et sa tendresse.
Il est égal à vous, votre délicatesse,
  Peut-elle prévoir du danger.
A rendre heureux enfin l'amant qui vous adore,
Quand l'Amour le plus pur, vous parle en sa faveur ?

NINETTE.

Ah !.. vous permettrez bien que je vous fasse encore
Examiner ici jusqu'où va votre erreur.
  Vous compromettez votre honneur,
Pour unir votre sort au sort d'une bergère !
Aveuglé maintenant par votre passion,
  Vous cherchez à la satisfaire,
  Sans aucune réflexion,
  Sur tout ce que vous allez faire ;
Mais vous vous préparez des regrets infinis.
Respectez mieux le rang où le ciel vous a mis :
  Soyez de votre cœur le maître ;
  Cédez à la nécessité :
Triomphez d'un amour que l'erreur a fait naître.
C'est aux grandes vertus que l'on doit reconnaître
  Les gens de votre qualité.

MICAS.

J'ajoute, Monseigneur, à ce qu'a dit ma fille,
Qu'en abusant ainsi de votre passion,
Nous ferions croire à tous que mon intention,
  Est d'ennoblir notre famille ;
Qu'un ridicule orgueil m'aurait déterminé.
Nous vous remercions de ces honneurs insignes,
Pour descendre si bas, vous, vous n'êtes pas né,
Et nous, de votre rang, nous ne sommes pas dignes.

CLAINVAL.

Sur un préjugé vain , pourquoi vous arrêter ?
La noblesse est un bien qu'on tient de la fortune ,
Et le premier aïeul dont on peut se vanter ,
Sortait de dévanciers de naissance commune.
Mais c'est en dire trop et l'amour que je sens,
Ne peut souffrir ici de vains raisonnemens.
    aux bergers rassemblés
    Amis, que la pitié vous touche,
    C'est de vous que dépend mon sort.
Adorable Ninette! un mot de votre bouche
Portera dans mon sein , ou la vie ou la mort.

GERMAIN.

Voyez l'excès de sa souffrance !

NINETTE.

Ah! j'ai bien dit assez...

ALCIDOR.

NOTA. Pendant le dialogue qui précède , Alcidor qui s'est
porté au milieu de la réunion des bergers , doit indiquer
par son jeu, qu'il raisonne avec eux sur tout ce qui se dit,
afin que l'on comprenne que c'est au nom de tous qu'il
se rapproche et vient interrompre Ninette.

       C'est trop de résistance.
Monseigneur, approchez, et prenez cette main...
    Bien ! Je veux vous unir moi-même;
La nature et l'Amour disent que quand on s'aime
Tous les rangs sont égaux ; vous rendez-vous enfin ?
Nous sommes tous, Micas, contre votre système.
Monseigneur a , sur nous, répandu ses bienfaits,
Et pour le rendre heureux , n'oserons-nous rien faire?

CLAINVAL.

Eh bien ! pourrai-je enfin vous appeler mon père ?

MICAS.

Chacun le veut ainsi : J'adhère à vos souhaits.
    Mais, en vous accordant ma fille ,
Je répugne à la voir dans un brillant état,
Et par un sot orgueil rougir de sa famille !
Me promettez-vous bien qu'un dangereux éclat,
N'altèrera jamais la bonté de son ame ?

LUCETTE.

Monseigneur, n'allez pas la faire grande dame,
Cela m'enlèverait son cœur.

CLAINVAL.

De tout ceci, n'ayez pas peur.
Je ne connais que trop les dangers de la ville
Et la contagion de ce siècle pervers.
Ce réduit de mon choix est pour moi l'univers.
Caché dans ce séjour tranquille,
Je puis de mes vassaux, assurer le bonheur.
En cela seulement je veux être seigneur.
A ce soin je joindrai le souci de vous plaire.
Ne répondez-vous point, Ninette, à mon ardeur ?
Vous ne me dites rien !

NINETTE.

J'obéis à mon père.

CLAINVAL.

Ah ! c'est me dire tout, trop aimable bergère !
Amis, ne songeons plus qu'à fêter ce grand jour.

GERMAIN.

C'est bien ce qui s'apelle un véritable amour.

(*Suit le divertissement comme complément du 3me acte.*)

DIVERTISSEMENT.

Invitation à la joie.

Venez bergers,
Dans ces vergers,
Sans crainte folâtrer et rire.
Le Dieu d'Amour,
Dans ce séjour,
A jamais fixe son empire.

Pour le nouveau Seigneur.

Clainval notre nouveau seigneur,
N'est autre que l'Amour lui-même,
Qui vient régner sous cet emblême,

Pour assurer notre bonheur.
Cette belle et tendre bergère,
Qui se lie à lui pour toujours,
Nous sera précieuse et chère,
Comme la reine des Amours.

Apollon, berger comme nous,
A l'Amour, consacra sa lyre,
Et l'Amour berger nous inspire,
Les chants que nous répétons tous.
Que toujours dans ces lieux il règne !
Que l'hymen, en guidant ses pas,
A lui s'unisse et nous enseigne,
Ce que les grands ne suivent pas.

Pour Licidas et Lucette, nouveaux époux.

Licidas et Lucette
Charmans époux,
Nous célébrons la fête
Aussi pour vous.

Soyez amans,
Soyez constans,
Que de sa flamme,
L'amour long-temps
Brûle votre ame.

C'est en ces lieux
Où sans contrainte
On peut sans crainte
Sentir ses feux.

Si dans la ville
Il règne aussi,
Bien plus tranquille,
Il est ici
Sans nul souci.

Bien plus aimable,
Son feu durable
N'y fait sentir
Que le plaisir.

Plus adorable,
Il est toujours,
Dans nos séjours,
Le véritable.

Mœurs et agrémens du Village.

CHANSONNETTE.

Près du ruisseau limpide,
Qui baigne nos vergers.
Le Dieu d'Amour préside
Aux jeux de nos bergers.

L'amant, dans la prairie,
Va cueillir un bouquet :
Sa bergère attendrie,
En orne son corset.

Au fond du bosquet sombre
Où règne un frais charmant,
L'amour reçoit à l'ombre,
Des bergers le serment.

Puis le dieu d'hymenée,
Qui préside à son tour,
Vient fixer la journée
Qui couronne l'Amour.

Ainsi dans le village
A l'Amour tout sourit,
Et l'hymen en ménage,
De ses feux se nourrit.

De l'orgueilleux délire
De nos méchans seigneurs,
Clainval fait la satyre
En adoptant nos mœurs.

OBSERVATIONS.

Le premier chant: *Venez Bergers*, etc., exécuté par une voix, doit être répété en chœur par la troupe des bergers et bergères dansant en rond, ce qui peut avoir lieu à la fin de chacun des autres chants, par la répétition du premier.

C'est au goût du musicien compositeur, à juger ce qui dans les autres chants, doit être répété en chœur.

Le spectacle doit se terminer par un ballet sans chant. Le compositeur du ballet pourrait y faire entrer par pantomime, les exercices en usage parmi les villageois, la course et la lutte, etc. Ce qui donnerait lieu à une distribution de prix. Les objets proposés pour prix seraient appendus à un cercle qu'un berger apporterait au bout d'une pique, surmontée d'une flamme aux trois couleurs, comme il se pratique dans les fêtes des villageois. Suivant l'usage établi pour les noces, dans les villages, chaque berger et bergère, aurait adapté à son costume, sur le côté gauche, une liasse flottante de rubans, qui seraient mélangés des trois couleurs, attendu que la pièce fait allusion à la révolution.

FIN.

ERRATA.

Page 30, quntorzième vers. Au lieu de *sur le point* lisez: sur ce point.